ELSA É A RAINHA DE ARENDELLE.
ELA SEMPRE FAZ O QUE É MELHOR PARA O REINO.

© Disney

A PRINCESA ANNA ADORA SUA VIDA NO REINO DE ARENDELLE.

© Disney

**KRISTOFF E SVEN SÃO MELHORES AMIGOS
E TAMBÉM VIVEM EM ARENDELLE.**

© Disney

**UM BELO DIA, OS TROLLS VÃO PARA A CIDADE.
ANNA NUNCA OS VIRA TÃO LONGE DA FLORESTA.**

© Disney

GRAND PABBIE SENTE QUE ALGO ESTRANHO ESTÁ PARA ACONTECER.

© Disney

ELSA E SEUS AMIGOS VIAJARÃO MUITO ALÉM DE ARENDELLE PARA TENTAREM DESCOBRIR OS MISTÉRIOS ESCONDIDOS NA FLORESTA.

© Disney

EM SUA JORNADA, ELSA DESCOBRE GRANDES MONÓLITOS NA FLORESTA QUE SIMBOLIZAM OS ELEMENTOS FOGO, ÁGUA, VENTO E TERRA.

© Disney

OS AMIGOS ENTRAM NA NÉVOA QUE CIRCUNDA
A FLORESTA ENCANTADA E FICAM PRESOS.
ANNA E ELSA SÃO PEGAS PELO ESPÍRITO DO VENTO.

© Disney

ELSA USA SEUS PODERES PARA ACALMAR O ESPÍRITO DO VENTO. ELA LIBERTA A TODOS COM UM POUCO DE MAGIA E CRIA ESCULTURAS DE GELO.

© Disney

OS AMIGOS DESCOBREM QUE HÁ SOLDADOS DE ARENDELLE PRESOS NA FLORESTA HÁ MUITO TEMPO. HONEYMAREN PASSOU SUA VIDA INTEIRA PRESA NA FLORESTA ENCANTADA.

© Disney

**MOMENTOS DEPOIS, O ESPÍRITO DO FOGO APARECE!
ELE CORRE PELA FLORESTA, ACENDENDO
PEQUENOS FOCOS DE FOGO.**

© Disney

O ESPÍRITO DO FOGO É UMA PEQUENA SALAMANDRA.
ELE GOSTA DO TOQUE FRIO DE ELSA.

© Disney

BOOM! BOOM! BOOM! OS GIGANTES DA TERRA ESTÃO
CHEGANDO! ELES PERCORREM A FLORESTA À NOITE.
É MELHOR NÃO IRRITÁ-LOS. ANNA E OLAF SE RECUSAM A
DEIXAR ELSA SOZINHA. "FAREMOS ISSO JUNTOS!"

© Disney

OS TRÊS SE DIVIDEM E ELSA FICA NA PRAIA. ELA USA SUA MAGIA PARA TENTAR ENCONTRAR UM CAMINHO ATRAVÉS DAS ONDAS FEROZES.

© Disney

O ESPÍRITO DAS ÁGUAS É UM GUERREIRO FEROZ QUE EMERGE DO MAR NEGRO. ELSA O ENFRENTA SOB AS ONDAS PARA PROTEGER ARENDELLE.

© Disney

DEPOIS DE MUITA AVENTURA ELSA CONSEGUE CRUZAR O MAR NEGRO E ESTÁ PRONTA PARA UMA NOVA AVENTURA!

© Disney